CONGRÈS MÉDICAL INTERNATIONAL DE LONDRES
SECTION XII — MALADIES DES DENTS

Discours de M. JOHN TOMES

DE L'ÉTUDE ET DES MOYENS D'ÉTUDE

DE LA

CHIRURGIE DENTAIRE

Traduction du Docteur ANDRIEU

Président de la Société syndicale Odontologique de France.

PARIS
O. DOIN, LIBRAIRE-ÉDITEUR
8, place de l'odéon, 8.

1882

CONGRÈS MÉDICAL INTERNATIONAL DE LONDRES

SECTION XII — MALADIES DES DENTS

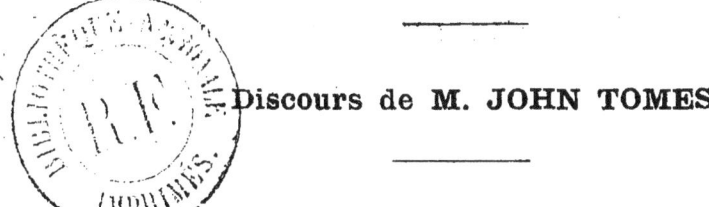

Discours de M. JOHN TOMES

DE L'ÉTUDE ET DES MOYENS D'ÉTUDE

DE LA

CHIRURGIE DENTAIRE

Traduction du Docteur ANDRIEU

Président de la Société syndicale Odontologique de France.

PARIS

O. DOIN, LIBRAIRE-ÉDITEUR

8, place de l'odéon, 8.

1882

CONGRÈS MÉDICAL INTERNATIONAL DE LONDRES.

Section XII. — MALADIES DES DENTS.

Président :

Edwin SAUNDERS, Esq.

Vice-présidents :

John TOMES, Esq. F. R. S. London.
T. SPENCE BATE, Esq. F. R. S. Plymouth.

Conseil :

Dr ANDRIEU, Paris.
C. H. BROMLEY, Esq. Southampton.
Henry CAMPION, Esq. Manchester.
S. CARTWRIGHT, Esq. London.
A. COLEMAN, Esq. London.
Daniel CORBETT, Esq. Dublin.
Dr HOLLAENDER, Halle.
Wiliam HUNT, Esq. Yeovil.
G.-A. IBBETSON, Esq. London.
Francis BRODIE IMLACH, Esq. Edimbourg.
Dr NORMAN KINGSLEY, New-York.
Dr MAGITOT, Paris.
J.-H.-C. MARTIN, Esq. Portsmouth.
J.-R. MUMMERY, Esq. London.
Peter ORPHOOT, Esq. Edimbourg.
Thomas, A. ROGERS, Esq. London.
John SMITH, Esq. Edimbourg.
Dr TAFT, Cincinnati.
J. S. TURNER, Esq. London.
Charles VASEY, Esq. London.
Joseph WALKER, Esq. London
J.-C. WOODBURN, Esq. Glascow.
A.-J. WOODHOUSE, Esq. London.

Secrétaire :

C. TOMES, Esq. F. R. S.

CONGRÈS MÉDICAL INTERNATIONAL DE LONDRES
Section XII. — MALADIES DES DENTS

Discours de M. JOHN TOMES (de Londres)

DE L'ÉTUDE ET DES MOYENS D'ÉTUDE
DE LA CHIRURGIE DENTAIRE

Traduction du Dr Andrieu.

Du consentement unanime des médecins et du public, la chirurgie dentaire s'est, durant ce siècle, développée en une spécialité bien nettement définie. Le médecin renvoie au dentiste, lorsqu'il y en a un à sa portée, tous les cas concernant les dents, et le public lui-même s'adresse de préférence au dentiste, parce qu'il le croit plus capable de soigner les affections dentaires.

Il n'est par conséquent besoin, ni d'excuse pour légitimer la pratique spéciale de la chirurgie dentaire, ni d'arguments pour appuyer la continuation de son existence comme branche séparée de la pratique chirurgicale.

Les besoins de la société d'un côté, et les exigences techniques des dentistes de l'autre ont nécessité cette séparation. Mais cette grande réunion internationale fournit une occasion favorable de rechercher comment les conditions de développement de cette spécialité pourront être satisfaites à l'avenir, de manière à atteindre le but que nous poursuivons tous, praticiens dentistes ou autres, et qui motive notre présence ici, c'est-à-dire rendre le plus de services possibles au public.

L'utilité est la seule raison d'existence du dentiste ; et c'est l'évidence même de ce fait qui nous amène à rechercher de quelle façon le dentiste peut devenir plus utile encore et répondre à la confiance que l'on met en lui comme spécialiste; sans que jamais il oublie, cependant, que c'est seulement en raison de la supériorité supposée de ses connaissances spéciales qu'il est consulté et qu'il doit rester toujours pénétré de cette croyance que le dentiste est plus habile que le chirurgien ordinaire dans le traitement des maladies des dents.

Il est clair que son honneur et sa probité lui font un devoir de se rendre aussi capable que possible de remplir en totalité les devoirs qu'il a assumés ; mais, il faut en convenir, pour atteindre ce but, les obligations du maître ne sont pas moindres que celles de l'élève.

Du moment que l'on admet la nécessité sociale du praticien spécialiste, on reconnaît par cela même la nécessité d'un enseignement spécial ; et c'est sur l'examen détaillé de cette vaste question de savoir quel doit être cet enseignement du spécialiste dentiste (enseignement dont le mode et le développement nous incombent à nous comme praticiens et professeurs) que je voudrais attirer l'attention de cette assemblée.

Avant d'aller plus loin, permettez-moi de vous dire que tout ce que j'ai à communiquer ici au sujet de l'enseignement dentaire, s'applique seulement à ceux dont l'instruction est encore à faire et à ceux qui ne possèdent ni aptitude extraordinaire ni incapacité exceptionnelle pour les études dentaires.

Je tiens en outre à affirmer que les opinions que j'émets sur ce qui pourrait ou devrait être fait, ne sont applicables qu'en ce qui concerne la Grande-Bretagne. Ce sera en effet, aux représentants des autres nations à nous dire quel système d'enseignement professionnel convient le mieux dans leur pays respectif.

Pendant les dix premières années de ce siècle, les praticiens dentistes étaient peu nombreux, et, le plus souvent, mais non pas toujours, ils appartenaient à la profession médicale. Ceux-ci n'avaient à leurs débuts qu'une faible notion des devoirs du chirurgien-dentiste, même tels qu'on les comprenait alors, ou, pour mieux dire, ils n'avaient que la dose de connaissances spéciales que le hasard d'un bon ou d'un mauvais professeur avait pu leur communiquer. Ils dépendaient d'ailleurs entièrement pour les questions de prothèse, du mécanicien-dentiste. D'autres qui avaient commencé leur carrière comme aides dans des laboratoires de praticiens dentistes parvinrent aussi à acquérir, dans le cours d'un apprentissage de cinq à sept ans, une grande habileté manuelle ; mais à l'expiration de leur apprentissage ils n'avaient aucune connaissance sérieuse de la chirurgie dentaire. Néanmoins, c'est à cette dernière classe que nous avons dû quelques-uns des plus distingués praticiens de la dernière génération. Il en résultait que les deux classes de praticiens passaient la période de leur vie pendant laquelle il est facile d'apprendre, grâce à l'efficacité des leçons des professeurs, à acquérir, l'une l'habileté manuelle, l'autre les connaissances médicales ; c'est à dessein que je ne dis pas « chirurgicales » dans l'acception rigoureuse du mot. On entrait alors dans la pratique par deux côtés parfaitement distincts, et il s'en suivait deux classes distinctes de praticiens : l'une habile à conseiller, l'autre à opérer ; mais ni l'une ni l'autre n'était à elle seule capable d'indiquer à la fois ce qu'il y avait à faire et de l'exécuter.

Vers 1820 le nombre des dentistes s'accrût, et chaque année, jusque vers le milieu du siècle, de nouveaux praticiens s'établirent, qui, sortant pour la plupart des laboratoires de dentistes, ne possédaient qu'une instruction bien inférieure à celle du chirurgien et n'avaient aucune connaissance médicale. Cette différence d'instruction amena dans la profession une espèce de division pour ne pas dire de jalousie à laquelle le public ne prit pas garde, chaque personne faisant elle même choix du praticien chez lequel elle espérait trouver les meilleurs soins; mais, malheureusement, ce choix tombait aussi bien sur l'ignorant que sur le dentiste véritablement pourvu de connaissances chirurgicales (1).

On en vint donc à reconnaître parmi les plus intelligents praticiens, que l'enseignement dentaire, par suite de son unique objet, se trouvait insuffisant, et, après quelques années de discussion, ont fini par décider que l'instruction générale et l'instruction spéciale marcheraient simultanément de façon à ce qu'il fût possible d'acquérir d'abord, c'est-à-dire pendant la jeunesse, l'habileté manuelle, puis, plus tard, à l'époque où le pouvoir de s'instruire est le plus développé, les connaissances chirurgicales.

Tout le monde étant tombé d'accord au sujet des connaissances requises, l'effet s'en fit bientôt sentir. Mais, il faut bien l'avouer, nous ne fûmes pas les premiers à reconnaître la nécessité d'une méthode systématique d'enseignement dentaire, nos confrères d'Amérique, non seulement en avaient signalé le besoin, mais il y avaient pourvu par la création de collèges dentaires.

L'histoire de l'organisation passée et présente de ces collèges a été publiée dans « l'*Histoire de la science dentaire*

---

(1) En mai 1878, le nombre des praticiens « bona fide » du Royaume-Uni, d'après les relevés faits par les fournisseurs pour dentistes, était d'environ 2,000. Dans ce nombre n'étaient pas compris les élèves ou aides. Le premier registre publié en 1879 contient les noms de 5,291 personnes dont 2,049 avouèrent pratiquer l'art dentaire conjointement avec la pharmacie. 50 étaient médecins ou chirurgiens de sorte qu'il ne restait que 2,707 personnes uniquement dentistes parmi lesquel les 483 étaient licenciées en chirurgie dentaire. Sur les 2,224 qui restent, si l'on fait déduction de ceux qui représentaient les aides ou les quasi-praticiens qui s'étaient fait enregistrer, on verra que le nombre des entrées inscrites sur le registre est bien en rapport avec celui des praticiens « bona fide » enregistrés à l'époque de la promulgation du Dentist's Act.

et buccale en Amérique, 1876. » A cet ouvrage, ainsi qu'au discours du D⁰ Elliot prononcé devant « The American Academy of Dental science, 1878, » et aux prospectus des collèges, j'emprunterai quelques faits dont l'énonciation doit être faite aussi bien pour reconnaître les travaux de nos prédécesseurs, que pour indiquer les différences de méthodes et d'exigences de l'enseignement, différences que les besoins sociaux ou nationaux ont rendues nécessaires ou désirables.

Afin de bien comprendre l'organisation des collèges dentaires américains il est indispensable d'indiquer brièvement l'état de l'enseignement médical et celui des collèges de médecine qui ont nécessairement, et dans de certaines limites, servi de modèle aux Ecoles dentaires. Je dois ces informations au mémoire original sur « *l'enseignement médical et les institutions médicales aux Etats-Unis,* » rédigé pour le bureau de l'enseignement des Etats-Unis par N. S. Davis, A., M., M, D., 1876-1876, et aux « *Rapports de la médecine avec l'Etat* » de Sir John Rosa, M. D., 1879.

A une époque reculée, les savants Ecossais qui s'établirent en Amérique, organisèrent une université calquée sur nos universités du Nord ; mais on reconnut bientôt que les exigences auxquelles, au point de vue des connaissances requises des élèves, il était assez facile de satisfaire en Écosse, dépassaient de beaucoup les limites des moyens intellectuels des jeunes gens dans une contrée nouvelle. On fut donc obligé de simplifier les programmes.

Après la guerre de l'indépendance, d'après M. Davis, il se fonda, dans plusieurs Etats, des universités et collèges uniquement soumis au contrôle insignifiant des représentants de l'État dans lequel ils étaient situés et desquels ils avaient obtenu le droit de s'établir. Ni le sentiment prédominant du pays en faveur de la liberté individuelle, ni la multiplicité des corps conférant des diplômes, ne réussirent à enrayer l'abaissement progressif des conditions nécessaires à l'obtention du grade de docteur en médecine. « Ce fait, » dit le

Dʳ Rosa, « que les diplômes obtenus dans les collèges étaient notoirement reconnus dans tout le pays comme conférant le droit de pratiquer la médecine dans toutes ses branches, donna aux étudiants l'idée funeste d'obtenir ces diplômes, partout où on les conférait, dans les conditions les plus faciles. » Et c'est ainsi que se trouvent justifiées les plaintes du Président de la Société médicale de New-York, lorsque, parlant des collèges de médecine, il disait : « Que la facilité actuelle des admissions aux examens de fin d'études, remplissait le pays de médecins, mais que la plupart d'entre eux ne l'étaient que de nom. »

Tout cela, il est bon de le remarquer en passant, n'est-il pas la description exacte de l'état de choses qui, jusqu'à un certain point, existait dans notre pays à une époque qui est loin d'être préhistorique et contre lequel il a fallu énergiquement lutter avant de l'amener à l'état de régularisation dans lequel il se trouve aujourd'hui ?

Ces faits ont d'ailleurs une très grande importance pour notre sujet, en ce sens qu'ils ont eu une influence considérable sur l'établissement et l'organisation des collèges dentaires qui furent créés en Amérique vers 1840 et plus tard. L'éminent Président de l'Université de Harvard, dans son remarquable discours sur l'enseignement dentaire, divise les matières qui constituent l'instruction nécessaire au chirurgien dentiste en celles qui sont communes à la fois au chirurgien ordinaire et au spécialiste, et en celles qui conviennent uniquement à ce dernier. Il estime que la proportion des premières est des trois cinquièmes et celle des secondes des deux cinquièmes dans l'enseignement complet. Presque tout le monde est d'accord sur la justesse de cette division.

En se reportant à l'observation citée plus haut du D' Elliot, que les diplômes de médecine étaient le plus souvent trop facilement obtenus, on a peine à comprendre comment tant de collèges dentaires ont pu entreprendre d'enseigner à leurs élèves les principes de médecine et de chirurgie nécessaires au dentiste, alors qu'il existait tant d'écoles florissantes consacrées à ces sujets, possédant tous les éléments nécessaires au succès d'un tel enseignement et pourvues de professeurs aussi instruits que distingués.

En effet, la séparation de l'étudiant dentiste d'avec les autres élèves en médecine, au point de vue de l'étude des sujets communs à la chirurgie générale et à la chirurgie dentaire, n'offrait aucun avantage d'instruction, en comparaison du tort que des études limitées, faites dans une école spéciale, pouvaient causer.

Cette séparation ne pouvait d'ailleurs que favoriser la production d'une distinction sociale au détriment manifeste du praticien dentiste, dont la prétention à posséder toutes les connaissances médico-chirurgicales indispensables n'aurait pas pu entrer en ligne avec l'instruction étendue de ceux qui avaient étudié dans des écoles munies de toutes les facultés possibles d'enseignement et sous la direction d'excellents professeurs. Et, on peut le dire sans crainte, dans quel endroit l'étudiant laborieux et désireux d'apprendre aurait-il pu acquérir une connaissance complète de sa profession, mieux que dans les écoles de médecine de l'Amérique et de la Grande-Bretagne.

La position prise en Amérique par les écoles de médecine (au nombre de 33), à l'époque de la fondation du premier collège dentaire c'est-à-dire vers 1840, a dû évidemment avoir une grande influence sur l'organisation de cette institution ; mais il ne serait pas raisonnable d'en conclure que les collèges dentaires auraient pu s'ils l'avaient voulu, donner un plus haut degré d'instruction médicale que les collèges de médecine. Et cependant nos confrères d'Amérique étaient et semblent encore absolument convaincus de la nécessité d'une éducation purement spéciale, et, bien qu'ils ne soient pas en mesure de l'imposer, ils se font cependant un devoir d'offrir à l'étudiant toutes les chances possibles d'acquérir non seulement les connaissances requises par la spécialité, mais encore l'habileté nécessaire à la pratique.

Tout ce qui a trait à la chirurgie générale semble être moins digne d'attention ou du moins occupe moins de place dans les programmes des collèges dentaires américains que l'instruction spéciale. Dans quelques cas même, on serait porté à croire que les directeurs de ces collèges pensent qu'on peut acquérir une connaissance suffisante des principes généraux de la chirurgie rien que par l'étude des sujets spéciaux. A la rigueur, il se pourrait qu'en Amérique il en fût ainsi; mais, pour le dentiste anglais, obligé d'organiser un enseignement aussi complet, aussi parfait que possible pour ses successeurs, un tel ordre de choses paraissait aussi insensé que l'acte de « mettre la charrue devant les bœufs », et offrait un exemple qui ne devait être imité qu'après un examen attentif de tous les faits qui s'y rapportaient. On sentait dans notre pays que l'instruction médicale prédominante n'était pas au-dessus de ce qu'on devait exiger d'un dentiste, mais que, si cette instruction était de deux cinquièmes inférieure à l'ensemble des connaissances strictement requises pour l'art dentaire, elle dépassait cependant de deux cinquièmes, dans certaines branches des sciences médicales, la somme des connaissances que l'on pouvait raisonnablement exiger d'un bon praticien dentiste.

Cette conviction a été parfaitement exprimée dans un mémoire adressé au collège royal des chirurgiens d'Angleterre dans les termes suivants : « Il n'est nullement question ici d'une instruction ou d'examens inférieurs à ceux que l'on exige du médecin; il s'agit seulement d'une certaine différence dans la forme mais non dans le degré, c'est-à-dire d'une instruction et d'examens spécialement adaptés aux exigences du chirurgien dentiste et différents de ceux qu'on exige du chirurgien ordinaire. »

Mais la valeur de cette observation n'a été parfaitement appréciée ni ici ni ailleurs. L'égalité d'instruction professionnelle ou autre n'implique pas une identité de connaissances. Un prêtre, un homme de loi, un docteur, peuvent être également parfaitement instruits. Le degré d'instruction peut être le même chez chacun d'eux, mais quelques-uns des sujets requis pour chaque profession peuvent être différents. Il peut en être de même chez le médecin et le dentiste. Le degré d'instruction peut être le même, mais les sujets d'études peuvent être partiellements différents.

On a insisté sur ce point que l'étude de la chirurgie dentaire ne devait être que le complément de l'étude de la médecine ; que le praticien devait être docteur avant d'être dentiste. C'est là une proposition qui pourrait bien mieux être défendue si elle était renversée, c'est-à-dire : dentiste d'abord, puis médecin, à la condition toutefois que tous les étudiants, ou du moins la majorité, eussent le temps et l'argent nécessaires pour prolonger leurs études de quatre à six ans en Angleterre et de trois à quatre ans et demi en Amérique.

Or un tel état de choses, si l'on en croit le Dr Elliot, n'a jamais reçu l'approbation ni des Anglais ni des Américains.

Nous consacrons quatre ans à l'étude de la médecine et pendant ce temps, l'étudiant sérieux n'a pas une heure qu'il puisse sacrifier à un autre sujet. Il devient donc nécessaire de déterminer quelles sont les parties du programme de médecine qui peuvent être diminuées où omises, de façon à pouvoir attribuer, durant cette période, une certaine quantité de temps à l'étude scientifique et pratique de la chirurgie dentaire. C'est là qu'était pour nous le nœud de cette question si difficile et qui n'a peut-être pas encore reçu sa solution complète. Mais, comme nous étions les derniers venus dans l'organisation d'un système complet d'enseignement dentaire, il y a lieu de penser que nous avons établi le programme le plus parfait que jamais nation ait adopté jusqu'à ce jour.

Les détails en ont été fixés par une commission émanant du conseil de médecine et composée de diverses autorités médicales chargées d'après le « Dentist's Act » de conférer les diplômes dentaires.

Appuyés sur les vingt ans d'expérience du collège des chirurgiens, les membres de la commission se sont tous déclarés en faveur du programme tracé par ledit collège et le conseil l'adopta sans modifications appréciables.

Toutes les matières embrassées par cet enseignement ont été méthodiquement cataloguées dans un tableau très clair (1).

Tout d'abord l'entrée, sans autre formalité que la présentation d'un certificat attestant un certain degré d'instruction préalable chez l'étudiant en médecine ou en chirurgie dentaire, avant qu'il soit autorisé à continuer ses études professionnelles, constitue une condition très importante des règlements existants, en ce sens qu'elle lui assure un degré de connaissances et d'éducation intellectuelle qui le rend apte à comprendre sans difficulté le langage de la science et lui permet de suivre avec une facilité relative les méthodes scientifiques d'études et de recherches.

Avant cette réforme si importante, les élèves possédaient, à leur entrée dans les études professionnelles, un si mince bagage de connaissances, qu'ils perdaient un temps infini à suivre des cours qu'is ne comprenaient qu'imparfaitement. Aussi la première série de cours ne servait-elle qu'à leur permettre d'acquérir, au lieu de notions médicales sérieuses, une instruction préliminaire à peine suffisante pour qu'ils pussent tirer tout l'avantage possible d'une seconde série de cours sur les mêmes sujets.

Il peut y avoir divergence de vues sur le mode d'instruction, mais il ne peut y avoir diversité d'opinions quant à l'avantage pour l'étudiant d'une instruction préliminaire bien constatée.

Avant d'entamer les considérations relatives à l'instruction commune à l'étudiant en médecine et à l'étudiant dentiste, je crois devoir citer quelques phrases du Dr J. M. Purser, empruntées à son discours sur l'étude de la physiologie.

(1) Voir à la fin du discours.

Je vous demanderai aussi de vouloir bien appliquer à *la chirurgie dentaire* ce qu'il dit de *la médecine* (1).

« J'ai avancé, dit-il, que votre but était l'étude de la médecine et que vous n'appreniez les autres sciences accessoires que comme une préparation à cette étude. Vous n'êtes pas ici, en effet, pour devenir des *anatomistes*, des *chimistes* ou des *physiologistes*. Si vous voulez être anatomistes, consacrez votre vie à l'étude de l'anatomie; et de même pour les autres sciences.

« Sachez puiser dans ces sciences les notions qui vous sont utiles pour franchir un autre pas ; n'apprenez de l'*anatomie*, de la *physique* et de la *chimie* que les parties essentielles à l'étude de la physiologie, si vous voulez être physiologiste. N'apprenez de la physiologie que ce qui est nécessaire à l'étude de la médecine si vous voulez être médecins, mais sachez votre médecine le mieux possible. »

J'ajouterai à cette citation quelques paragraphes d'un discours du Dr Michael Foster, dans lesquels il avance que l'anatomie topographique, qui n'a pour ainsi dire encore été étudiée que comme une sorte d'exercice intellectuel, devrait être abandonnée dans une certaine mesure en faveur d'une étude plus complète de la physiologie (1).

« Je ne crois pas, dit-il, être taxé d'exagération en soutenant que pendant les deux années au moins que l'étudiant en médecine consacre à des études autres que celles de la clinique, il dépense 60 à 70 pour 100 de son temps, et plus même quelquefois, à l'étude de l'anatomie topographique.

« Cette étude peut être envisagée à deux points de vue, comme une discipline et un exercice ou comme une connaissance pratique nécessaire. Feu le Dr Parkes, dans un remarquable discours d'introduction prononcé à l'université de Londres, il y a quelques années, insistait fortement sur cette idée que la valeur de l'anatomie topographique envisagée

---

(1) *British medical Journal*, 13 novembre 1880.
(1) *British medical Journal*, 21 août 1880.

comme discipline était bien plus grande que comme utilité directe. Et je pense moi-même que plus on y réfléchit, plus on est de cet avis.

« Les détails de l'anatomie topographique offrent ce caractère particulier que, bien qu'il soit difficile d'acquérir cette science, elle diffère grandement des autres en ce sens qu'elle s'oublie avec la plus remarquable facilité. Je pourrais faire un appel confidentiel à la plupart des médecins qui m'écoutent en ce moment et leur demander combien de petits faits, parmi tous ceux qu'ils ont acquis avec tant de travail dans leur jeunesse, leur sont restés bien nets dans la mémoire, deux ans après leur sortie des bancs du collège ; et aussi combien de détails de l'économie humaine leur ont échappé, en dehors de certaines régions spéciales dont ils ont été à même de conserver la connaissance, grâce aux opérations plus ou moins fréquentes qu'ils ont pratiquées sur elles. Je leur demanderais à quel taux, en termes financiers, ils estiment le temps passé dans ces luttes *anatomiques* de leur jeunesse — par exemple sur les détails de l'avant-bras ; — s'il y a équivalence avec la somme des connaissances qui leur restent au bout de vingt, dix et même cinq années de pratique active, enfin à quel usage consécutif ces connaissances leur ont servi.

« Evidemment, c'est comme exercice intellectuel et non comme utilité pratique que l'étude de l'anatomie a sa raison d'être ; il suffit d'ailleurs pour n'en pas douter de se reporter à certaines questions posées aux examens. Quand un candidat est obligé de décrire, même avec une erreur de quelques millimètres, les tissus traversés par un coup de bayonnette qui a pénétré obliquement à travers le cou, ou bien quand il est invité à reproduire d'une façon non moins exacte le dessin des parties superposées sous un triangle ou un rectangle tracé à l'encre sur la partie antérieure ou postérieure de la cuisse, il est clair que l'examinateur n'a pas en vue les besoins de la pratique, mais qu'il a surtout pour but de s'assurer de la capacité de mémoire de l'étudiant.

« Personne ne doute de la valeur de l'anatomie comme exercice. Dans le passé, elle a été l'élément essentiel des études des élèves en médecine, le moyen principal grâce auquel, d'une part, leur esprit contractait des habitudes de précision, d'exactitude et d'observation attentive, tandis que, d'autre part, leur mémoire se fortifiait dans des travaux se rapportant plus strictement à leur instruction professionnelle.

« A ce point de vue, la stérilité même du sujet était un mérite.

« Ce seul fait que les détails paraissaient isolés, sans connexions, non reliés entre eux par aucune théorie, par aucune idée générale, en même temps qu'il rendait son étude plus difficile, augmentait sa valeur comme exercice. Et vraiment, c'était avec sagesse que nos maîtres insistaient pour qu'on ne ménageât ni peine ni dépenses pour procurer à l'élève cette éducation préparatoire et pour que, aussi bien au point de vue des examens qu'à tout autre, rien ne fut épargné pour l'obliger à profiter de toutes les occasions de s'instruire qui lui étaient offertes.

« En réalité, considéré comme mode d'enseignement, le système d'instruction anatomique n'a été surpassé par aucun autre. »

Le Dr Burdon Sanderson, dans son discours d'ouverture, dit à son tour : « Les précieuses années qui précèdent immédiatement l'entrée en profession d'un jeune homme ont vraiment trop de valeur pour qu'il les passe à étudier des choses qu'il ne doit pas retenir (1). »

Et maintenant, si nous avons bien présentes à l'esprit les opinions de ces éminents professeurs, nous serons en mesure de nous former une juste idée du programme actuel d'études de chirurgie dentaire comparé à celui de l'enseignement médical.

Sans différences bien notables, les divisions aussi bien

---

(1) *British medical Journal*, 9 octobre 1880.

que les désignations des cours ne sont pourtant pas absolument les mêmes dans les divers collèges de chirurgie.

A ce sujet, il est bon, pour bien établir la comparaison, de prendre comme exemple les programmes respectifs d'études du collège anglais; et cela avec d'autant plus de raison que son programme dentaire a été mis en vigueur avec succès depuis bientôt vingt ans.

Si donc nous consultons les tableaux de ces programmes, nous voyons que l'étudiant dentiste est forcé de consacrer six mois d'hiver à l'étude de l'anatomie dans une école de médecine reconnue, puis six autres mois à une seconde série d'études identiques ou bien à des cours sur la tête et le cou. Il est obligé de donner neuf mois à la dissection, en d'autres termes d'y passer une saison d'hiver et une saison d'été. De son côté, l'étudiant en médecine est contraint de consacrer deux hivers à l'anatomie et autant à la dissection, c'est-à-dire douze mois. De fait on a diminué le programme dentaire d'une partie d'un cours et de trois mois de dissection. Mais si l'on veut bien se reporter à ce que j'ai dit plus haut, il reste encore assez de temps consacré à l'étude de l'anatomie soit pour l'étudiant en médecine, soit pour l'étudiant dentiste.

Nous savons fort bien que la connaissance d'un sujet, acquise seulement au point de vue d'un examen, ne peut durer longtemps; mais qui oserait soutenir qu'une connaissance minutieuse de l'anatomie du pied paraîtra assez importante au dentiste, au point de vue pratique, pour qu'il s'en charge la mémoire? Si donc elle ne doit pas rester, à quoi bon perdre, comme le dit Sanderson, un temps précieux à l'acquérir. Et ce qui est vrai pour le pied, l'est tout aussi bien pour les autres parties du corps que le dentiste n'a jamais, directement ou indirectement, à traiter dans sa pratique.

Une saison d'hiver de six mois pour l'étude de la physiologie est exigée des deux classes d'étudiants. Cependant le dentiste peut se dispenser de 30 leçons de physiologie pratique, obligatoires pour l'étudiant en médecine. Mais le premier ferait bien de ne pas profiter de cette exception, car une connaissance complète de la physiologie est aussi utile à l'une qu'à l'autre branche de la chirurgie. C'est de tous les sujets le plus intéressant, et l'élève ne perd certes pas son temps en l'étudiant.

Les six mois d'études de chirurgie sont obligatoires dans les deux programmes ; mais l'étudiant dentiste peut se dispenser des six mois de cours sur la chirurgie pratique, les bandages, etc.

Une série de leçons sur la chimie et trois mois d'études de chimie pratique sont également obligatoires dans les deux programmes, de même qu'une série de leçons sur la matière médicale et six mois de cours sur la médecine pratique.

Quant aux leçons sur la médecine légale, les accouchements, la pathologie, la pharmacie pratique et la vaccine, elles sont remplacées dans le programme dentaire par des leçons sur d'autres sujets.

Et maintenant nous arrivons aux études cliniques dans un hôpital général.

L'étudiant en médecine suit le cours de chirurgie pratique pendant trois semaines d'hiver et deux saisons d'été. Il suffit de deux hivers à l'étudiant dentiste. C'est là que se terminent les études du dentiste à l'école de médecine et à l'hôpital; car on ne lui demande pas d'être pendant six mois externe d'un hôpital, ni de suivre les démonstrations post-mortem ou la clinique médicale du programme de médecine. Mais, même en tenant compte des omissions, peut-on soutenir que l'étudiant dentiste n'a pas les moyens suffisants d'acquérir une connaissance solide de la chirurgie théorique et pratique? Que si, dans des cas particuliers, il arrivait que cette connaissance ne fût pas acquise, ce serait à la section chirurgicale du comité d'examen de refuser le diplôme dont elle est solidairement avec la section dentaire la gardienne constituée dans l'intérêt du public.

Passons maintenant aux sujets spéciaux du programme dentaire dont l'importance est considérable. L'étudiant en médecine n'y a aucune part, tandis que c'est en les utilisant à l'aide de ses connaissances médicales que le dentiste prend et tient sa place dans la société.

Les conditions sont les suivantes : Après avoir passé avec succès l'examen préliminaire sur l'instruction générale, l'étudiant doit consacrer quatre ans à acquérir les connaissances nécessaires à sa profession ; donner trois ans à l'étude pratique de la mécanique dentaire sous la direction d'un maître compétent ; assister et prendre part à la clinique d'un hôpital dentaire ou de la section dentaire d'un hôpital général pendant deux ans ; suivre deux sessions de 24 leçons sur la chirurgie dentaire, deux sessions semblables sur la physiologie dentaire chez l'homme et comparée, une sur la mécanique dentaire et une sur la métallurgie.

Tels sont les sujets et conditions qui remplacent ceux du programme de médecine. Qui pourrait sérieusement soutenir qu'ils n'exigent pas autant de travail, d'intelligence et de temps de la part de l'étudiant ? La tâche même n'est-elle pas plus considérable encore ? C'est, du reste, l'opinion de ceux qui enseignent aussi bien que de ceux qui ont passé récemment leurs examens qu'il est impossible de rien retrancher du programme spécial dentaire.

Il faut de toute nécessité que l'étudiant suive jour par jour, pour ainsi dire, la clinique de l'hôpital, pour qu'il soit à même d'acquérir l'habileté manuelle sans laquelle le praticien dentiste serait comme le musicien qui ne saurait pas jouer d'un instrument, l'artiste qui ne saurait pas peindre, le sculpteur qui ne saurait pas manier le ciseau, le critique dentaire enfin, qui serait incapable d'accomplir lui-même le travail qu'il aurait condamné chez les autres.

Connaître les principes scientifiques d'un art et les mettre en pratique sont deux choses bien distinctes. La pratique demande une certaine adresse manuelle qui ne peut s'acquérir que par un long exercice sous l'œil de maîtres compétents. Les doigts du dentiste doivent insciemment obéir à sa volonté et agir automatiquement, absolument comme les doigts du pianiste exécutent le morceau qu'il lit mentalement, ou comme la main du sculpteur reproduit la forme que son esprit a conçue.

Sans cette obéissance de la main, le praticien ne serait qu'un amateur et sa carrière professionnelle une vie de phrases et non de travail.

Tout le monde admet que l'adresse manuelle ne s'acquiert que par une longue pratique; mais bien peu de personnes soutiendraient que tout moment est également propice aux exercices par lesquels on l'acquiert.

M. Fawcett nous a souvent dit que les aveugles dans leurs jeunesse apprenaient facilement un métier, mais que les adultes qui perdaient la vue ne pouvaient jamais parvenir à un degré d'adresse suffisant pour suffire à leur existence. Nous savons d'ailleurs que les grands artistes musiciens commencent leurs études de très bonne heure et manifestent leur talent bien avant l'âge d'homme.

Si maintenant nous passons aux artisans, nous verrons que celui qui n'a pu, pendant son apprentissage, acquérir une adresse manuelle suffisante, ne réussit pour ainsi dire jamais à l'obtenir dans la suite. C'est un fait bien connu que la main, jeune encore, se développe anatomiquement dans le sens où on l'exerce et obtient ainsi par l'exercice un pouvoir que la main adulte est incapable d'acquérir. C'est là un point capital pour la solution de la question de l'époque à laquelle l'étudiant dentiste doit commencer son instruction pratique; car il faut tout autant d'adresse manuelle au dentiste pour l'exercice de sa profession que pour toute autre.

Les résultats des examens professionnels établissent d'une manière irréfutable que les programmes de médecine aussi bien que celui de chirurgie dentaire ne peuvent pas être convenablement remplis en quatre années. Malgré cela, on a conseillé de différer l'entrée des étudiants dans la section dentaire spéciale jusqu'à l'achèvement de leur instruction chirurgicale et de remettre aussi l'expérience manuelle à une époque où il serait fort difficile et peut-être même impossible d'arriver à une habileté parfaite. Eh bien, je ne crains pas de le déclarer, consacrer le temps de notre jeunesse à l'acquisition de connaissances qui ne nous serviront pas absolument, à l'exclusion de celles au moyen desquelles nous nous proposons de gagner notre pain, est une erreur grave, d'autant plus grave que les parties remises du programme de médecine peuvent tout aussi bien s'acquérir, une fois l'instruction dentaire achevée.

Il ne faudrait cependant pas que toutes les raisons que je viens d'alléguer en faveur de la spécialité me fissent accuser d'indifférence pour la médecine. Loin de là, je voudrais donner aux étudiants tous les encouragements possibles à l'étude de cette dernière science non pour qu'elle remplaçât l'étude de la chirurgie dentaire, mais seulement pour qu'elle la complétât.

Au point de vue de l'instruction, on peut établir entre le médecin « membership » et le licencié en chirurgie dentaire « dental-licentiateship » la même relation qu'entre l'agrégé « fellowship » et le médecin.

Cette manière d'envisager les deux grades a une certaine influence sur les nominations à certains emplois. Dans beaucoup de nos hôpitaux, bien que le fait d'être membre du collège des chirurgiens autorise pleinement à exercer, les directeurs n'exigent pas moins fort souvent que leurs chirurgiens soient agrégés de leur collège. Et puisque l'on exige d'un candidat qu'il soit agrégé, pourvu toutefois que l'agrégation implique un degré plus élevé de connaissances chirurgicales que la licence, n'est-ce pas avec raison que l'on demande au candidat dentiste qu'il possède la licence médicale en même temps que la licence dentaire de son collège ?

J'ai peu de choses à dire sur les examens et les examinateurs. Les examens étant sous la direction des mêmes corps conservent le caractère des examens de médecine, et à ce propos il est dit dans le « Dentist's Act » que, si le fameux projet de réunion des corps enseignants est enfin mis à exécution pour la médecine, il en sera de même pour les examens dentaires.

Le parlement a prescrit que les commissions d'examens fussent composées d'un nombre égal de dentistes et de chirurgiens.

Le devoir des examinateurs est de préserver le public de l'incompétence et de conserver leur indépendance au point de vue des succès pécuniaires de l'Ecole. Ils sont collectivement irresponsables en ce qui concerne l'instruction professionnelle des candidats qu'ils ont à examiner.

Sous ce rapport, la profession peut se féliciter d'une décision récente du conseil de Médecine, grâce à laquelle on inscrit actuellement dans le « Dentist's Register » les diplômes chirurgicaux conjointement avec les diplômes dentaires, et cela sous le prétexte qu'ils indiquent une étude plus approfondie de la chirurgie que les simples diplômes dentaires. On peut avouer que, dès l'origine, on aurait dû prendre cette mesure ; mais ceux qui ont l'expérience de l'application des nouvelles lois savent parfaitement que cela ne peut se faire qu'avec beaucoup de bonne volonté, de patience et surtout de persévérance.

Dans la revue que je viens de faire de la tâche imposée à l'étudiant, on peut se demander si je n'ai pas un peu exagéré la somme d'instruction spéciale nécessaire à l'acquisition de l'habileté manuelle. Je puis répondre hardiment que non ; car, je le répète, il faut une grande habileté manuelle pour assurer la compétence professionnelle. Or, sans cette compétence il n'y a plus de respect de soi-même ; sans ce respect, il n'y a plus de probité professionnelle, partant plus de confiance en ses moyens ni de facilité ; et la profession n'est plus qu'une dangereuse fiction.

J'ajoute qu'avec les facilités actuelles d'enseignement, on peut, avec de la persévérance et un temps suffisant d'apprentissage, parvenir à un haut degré d'habileté, et il est du devoir du professeur et de l'examinateur d'exiger qu'on y parvienne.

Je pense avoir suffisamment exposé, au commencement de ce travail, les raisons sur lesquelles s'appuient l'étude et la pratique de la chirurgie dentaire comme spécialité ; je terminerai par un aperçu des obligations et de l'objet du *spécialisme*. Je ne puis mieux faire pour cela que de citer les paroles même de notre éminent maître, sir James Paget, lorsque, dans son discours présidentiel, il dit :

« Beaucoup d'entre nous doivent, dans la vie pratique, avoir une certaine connaissance de notre science, mais aucun ne peut la connaître en entier. Et quant à une connaissance universelle, qu'il s'agisse de recherches ou de notions exactes sur tout ce qui est connu, nul ne peut se flatter de la posséder. Il y a donc nécessité de limiter nos études à quelque partie de la science vers laquelle le penchant ou l'instruction nous entraîne.

« La division en sections de ce grand congrès n'est qu'un exemple de cette division du travail qui existe chez toutes les nations dans le champ de la vie active, et qui trouve sa justification dans la quantité et la perfection plus grandes de l'ouvrage accompli. Qui pourrait d'ailleurs avancer qu'il n'y a pas assez d'éléments dans chacune de ces sections pour occuper l'esprit le plus actif? Si quelqu'un de vous en doutait, qu'il veuille bien faire l'essai de ses capacités dans les discussions de plusieurs d'entre elles et il sera bientôt convaincu.

« En vérité, le défaut du spécialisme n'est pas dans son champ limité, mais dans la vanité et la présomption qui le caractérisent souvent. Si le champ scientifique de n'importe quelle spécialité est étroit, il peut être labouré profondément. Dans la science comme dans les mines, un trou de sonde, même d'un faible diamètre, s'il est mené assez loin, peut conduire aux plus riches dépôts et trouver l'emploi de toutes les ressources qui s'y rapportent. Non seulement en médecine, mais dans chaque département des connaissances humaines, quelques uns des plus grands résultats amenés par les recherches les plus suivies se trouvent dans des monographies sur des sujets que les esprits vulgaires regardent comme dénués de toute importance. »

Tels sont les principes qui ont servi de base au programme d'enseignement de la chirurgie dentaire. En résumé, il a été institué de telle sorte que, différant de celui qui est obligatoire pour la médecine, non dans le degré mais simplement dans la forme, il pût donner à ses adeptes une somme convenable de connaissances aussi bien sous le rapport de la théorie que sous celui de la pratique.

Si, dans cette imparfaite description, je me suis laissé aller à insister sur certains détails, ou si j'ai consacré trop de temps à leur exposé, je crois pouvoir donner pour excuse de ma prolixité, le haut degré de satisfaction, pour ne pas dire de légitime orgueil, qu'éprouvent les membres survivants de ma génération à voir comment le projet d'enseignement à la création duquel ils ont contribué, a été perfectionné, puis reconnu d'utilité publique, et aussi comment l'état de dentiste, jusqu'alors si mal défini, a été élevé par la législation au rang des professions libérales.

Le tableau que je fais passer sous vos yeux a été dressé par M. S.-J. Hutchinson. Il indique les parties du programme d'enseignement médical qui ont été introduites dans le programme dentaire.

TABLEAU COMPARATIF
des cours d'études exigés par le collège royal des chirurgiens d'Angleterre pour le médecin et pour le licencié en chirurgie dentaire.

Programme pour le « membership » (médecine).

1. — Un examen ès-arts.
2. — Age : 21 ans.
3. — 4 ans d'études professionnelles.
4. — Leçons d'anatomie. 2 sessions d'hiver.
5. — Dissections. 2 sessions d'hiver : 12 mois.
6. — Physiologie. Une session d'hiver.
7. — Physiologie pratique.
8. — Leçons de chirurgie. Une session d'hiver.
9. — Chirurgie pratique. 6 mois.
10. — Un cours de chimie (facultatif).
11. — » » de matière médicale.
12. — » » de médecine.
13. — » » de médecine légale.
14. — » » d'accouchement.
15. — » » de pathologie.
16. — Pharmacie pratique et vaccine.
17. — Chimie pratique.
18. — Chirurgie pratique. 3 sessions d'hiver et 2 d'été.
19. — Examen des malades. 3 mois.
20. — Leçons clin. sur la chir. 2 sessions d'hiv. et 2 d'été.
21. — Externat à l'hôpital. 6 mois.
22. — Démonstrations post-mortem.
23. — Médecine prat. Un hiver et un été. Clin. médicale.

Programme pour le « dental licentiateship »
licence en chirurgie dentaire.

1. — Id.
2. — Id.
3. — Id.
4. — Id. et de plus une seconde session de leçons sur la tête et le cou.
5. — 9 mois.
6. — Id.
7. — Métallurgie. Une session.
8. — Id.
9. — Voyez au n° 18.
10. — Id. (obligatoire).
11. — Id.
12. — Id.
13.
14. { Anatomie et physiologie dentaires. 2 sessions.
15. { Chirurgie et pathologie dentaires. 2 sessions.
16.
17. — Id.
18. — 2 hivers et 2 années de pratique dans un hôp. dent.
19. — Dans un hôpital dentaire.
20. — 2 hivers.
21. { 2 séries de leçons sur la mécanique dentaire.
22. { 3 ans de pratique de la mécanique dentaire.
23.

PROGRAMME D'ÉTUDES DENTAIRES

CORPS devant conférer la licence.	Études de médecine générale à suivre dans une école et un hôpital reconnus.										Certificats à produire.			EXAMENS SANS OBLIGATION DU COURS D'ÉTUDES.
	ANATOMIE.	ANATOMIE de la tête et du cou. Pas moins de 20 leçons, ou bien un second cours d'anatomie.	DISSECTION.	PHYSIOLOGIE. Un cours d'hiver.	CHIMIE.	CHIRURGIE.	MÉDECINE.	MATIÈRE MÉDICALE.	CHIMIE PRATIQUE.	COURS de « un hôpital général et instruction clinique.	21 ANS D'AGE.	4 ANS D'ÉTUDES professionnelles.	EXAMEN préliminaire ès-arts.	
Collège royal des chirurgiens d'Angleterre.	Une session d'hiver au moins.	Un cours.	9 mois.	Un cours de 6 mois.	Un cours de 6 mois.	Un cours de 6 mois.	Un cours de 6 mois.	Un cours.	Un cours.	Un an au moins.	21 ans.	4 ans.	Un.	Les candidats qui pratiquaient ou qui avaient commencé leurs études : *Avant le 8 septembre 1859*, et qui pratiquaient en Angleterre au moment de la promulgation du « Dentist's Act », sont admis à subir l'examen en produisant certains certificats.
Collège royal des chirurgiens d'Édimbourg.	Id.	Id.	Id.	Id.	Id.	Id.	Id.	Id.	Id.	Id.	Id.	Id.	Id.	Les candidats qui pratiquaient : *Avant le mois d'août 1878*, et les apprentis qui ont commencé leurs études dentaires *Avant le mois d'août 1875*, sont admis à subir l'examen en produisant certains certificats.
Faculté de médecine et de chirurgie de Glascow.	Id.	Id.	Id.	Id.	Id.	Id.	Id.	Id.	Id.	Id.	Id.	Id.	Id.	Les candidats qui pratiquaient : *Avant le mois d'août 1878*, et les apprentis qui ont commencé leurs études dentaires *Avant le mois d'août 1875*, sont admis à subir l'examen en produisant certains certificats.
Collège royal des chirurgiens d'Irlande.	Id.	Id.	Id.	Id.	Id.	Id.	Id.	Id.	Id.	Id.	Id.	Id.	Id.	Les candidats sont admis à subir l'examen *Jusqu'au mois d'août 1881*, en produisant certains certificats à la condition d'avoir exercé 5 ans avant la date de l'application de la loi.

SUJETS SPÉCIAUX

CORPS devant conférer la licence.	ANATOMIE et physiologie dentaire humaine et comparée.	CHIRURGIE dentaire.	MÉTALLURGIE.	MÉCANIQUE dentaire.	PRATIQUE dans un hôpital dentaire ou dans la section dentaire d'un hôpital général.	CERTIFICATS constatant des études de mécanique dentaire, pendant trois ans, chez un praticien enregistré.	OBSERVATIONS.
Collège royal des chirurgiens d'Angleterre.	24 leçons au moins.	20 leçons au moins.	12 leçons au moins, à moins que cette étude ne soit intercalée dans la chimie pratique.	12 leçons de démonstrations au moins.	Deux ans.	Trois ans.	Tout candidat avant de recevoir la licence doit déclarer qu'il n'aura recours ni aux annonces, ni à tout autre moyen peu honorable d'attirer le client, pendant tout le temps qu'il se servira de son diplôme de licencié en chirurgie dentaire de ces collèges.
Collège royal des chirurgiens d'Édimbourg.	Id.	Id.	Id.	Id.	Id.	Id.	
Faculté de médecine et de chirurgie de Glascow.	Id.	Id.	Id.	Id.	Id.	Id.	
Collège royal des chirurgiens d'Irlande.	Id.	Id.	Id.	Id.	Id.	Id.	

Les cours communs à ces deux programmes doivent être suivis dans un hôpital général et dans une école de médecine reconnus, tandis que les cours spéciaux de chirurgie dentaire doivent l'être dans un hôpital et une école dentaires reconnus ou bien dans la section dentaire d'un hôpital général ou d'une école reconnus.

Le temps voulu d'études pour la licence en chirurgie et pour la licence en chirurgie dentaire est de quatre ans; et il faut au moins six années, si ce n'est plus, pour l'obtention des deux grades.

Paris. — Typ. A. PARENT, rue Monsieur-le-Prince 31.
A. DAVY, successeur.

A LA MÊME LIBRAIRIE

CADET DE GASSICOURT, médecin de l'hôpital Sainte-Eugénie. — **Traité clinique des maladies de l'enfance**. T. I, *Affections du poumon et de la plèvre.* — 1 vol. gr. in-8 de 500 pages, avec 76 figures dans le texte. 1880. 11 fr.
T. II. *Affections du cœur, rhumatisme, chorée, fièvre.* — 1 vol. in-8 de 570 pages, avec 100 fig. 13 fr.
L'ouvrage sera complet en 2 volumes.

CANDELLÉ (Dr Henri), ancien interne des hôpitaux de Paris, membre de la Société d'hydrologie médicale. — **Manuel pratique de médecine thermale**. — 1 vol. in-8 jésus de 450 pages, cartonné diamant. 6 fr.

DELFAU (Dr Gérard), ancien interne des hôpitaux de Paris. — **Manuel complet des maladies des voies urinaires et des organes génitaux**. — 1 fort vol. in-8 de 1000 pages, avec 150 fig. dans le texte. — Cet ouvrage est divisé en 6 parties, consacrées, la 1re au *Pénis*, la 2e à l'*Urèthre*, la 3e à la *Vessie*, la 4 à la *Prostate*, la 5e à l'*Appareil séminal*, et la 6e aux *Reins*. 11 fr.

DUJARDIN-BEAUMETZ, membre de l'Académie de médecine, médecin à l'hôpital Saint-Antoine. — **Leçons de clinique thérapeutique**, professées à l'hôpital Saint-Antoine. Recueillies par le Dr CARPENTIER-MÉRICOURT. Revues par l'auteur.

1re SÉRIE : *Traitement des maladies du cœur et de l'aorte, de l'estomac et de l'intestin.* 2e édition. 1 vol. gr. in-8 de 800 pages, avec figures dans le texte et une planche en chromolithographie. 16 fr.

2e SÉRIE : 1er *fascicule : Traitement des maladies du foie et des reins.* 1 vol. gr. in-8 de 250 pages. 5 fr.
— 2e *fascicule : Traitement des maladies du poumon.* 1 vol. gr. in-8. de 350 pages avec 2 planches hors texte ou chromolithographie. 7 fr.

LANESSAN (J.-L. DE), professeur agrégé d'histoire naturelle à la Faculté de médecine de Paris. — **Manuel d'histoire naturelle médicale (botanique et zoologie)**. — 3 vol. in-18 jésus, formant 2,300 pages et contenant 1,750 figures dans le texte. 1879-1880. 25 fr.

PAULIER (A.-B.), ancien interne des hôpitaux de Paris. — **Manuel de thérapeutique et de matière médicale**, précédé d'une préface, par le Dr DUJARDIN-BEAUMETZ. 2e édition. 1 vol in-18 de 1200 pages avec 200 figures dans le texte, 1882. 12 fr.

PAULIER. — **Manuel d'hygiène publique privée** et ses applications thérapeutiques. — 1 fort vol. in-18 de 800 pages. 1879. 8 fr.

PLAYFAIR (W.-S.), professeur d'obstétrique et de gynécologie à King's College, président de la Société obstétricale de Londres. — **Traité théorique et pratique de l'art des accouchements**, traduit et annoté sur la 2e édition anglaise, par le Dr VERMEIL. — 1 beau vol. gr. in-8 de 900 pages, avec 200 fig. dans le texte. 1879. 15 fr.

SINÉTY (Dr L. DE), membre de la Société de biologie et des Sociétés anatomiques et d'anthropologie de Paris. — **Manuel pratique de gynécologie et des maladies des femmes**. — 1 beau vol. in-8 de 850 pages, avec 160 fig. *originales* dans le texte. 13 fr.

VULPIAN (A.), doyen de la Faculté de médecine, membre de l'Institut et de l'Académie de médecine, médecin de l'hôpital de la Charité, etc., etc. **Maladies du système nerveux**, leçons professées à la Faculté de médecine de Paris. Recueillies par le Dr BOURCERET, ancien interne des hôpitaux. Revues par le professeur. *Maladies de la moelle.* — 1 vol. gr. in-8 compacte. 1879. 16 fr.

VULPIAN (A.), doyen de la Faculté de médecine, etc. — **Clinique médicale de l'hôpital de la Charité**, considérations cliniques et observations par le Dr RAYMOND, médecin des hôpitaux. Revues par le professeur. — *Rhumatismes, maladies cutanées, scrofules, maladies du cœur, de l'aorte et des artères, de l'appareil digestif, du foie, de l'appareil respiratoire, maladies générales, empoisonnements chroniques, syphilis, maladies du système nerveux.* — 1 for vol. gr. in-8 de 958 pages. 1879. 14 fr.

Paris. — A. PARENT, imprimeur de la Faculté de médecine, rue Monsieur-le-Prince, 31.
A. DAVY, successeur.

www.ingramcontent.com/pod-product-compliance
Lightning Source LLC
Chambersburg PA
CBHW060714050426
42451CB00010B/1440